Quatro quartos

Maria de Lourdes Alba

Quatro quartos

EDITORA
Labrador

Copyright © 2021 de Maria de Lourdes Alba
Todos os direitos desta edição reservados à Editora Labrador.

Coordenação editorial
Pamela Oliveira

Assistência editorial
Gabriela Castro
Larissa Robbi Ribeiro

Projeto gráfico, diagramação e capa
Felipe Rosa

Revisão
Marília Courbassier Paris
Laila Guilherme

Dados Internacionais de Catalogação na Publicação (CIP)
Angelica Ilacqua – CRB-8/7057

Alba, Maria de Lourdes
  Quatro quartos / Maria de Lourdes Alba. – São Paulo : Labrador, 2021.
  80 p.

  ISBN 978-65-5625-111-0

  1. Poesia brasileira I. Título

  21-0790   CDD B869.1

Índice para catálogo sistemático:
1. Poesia brasileira

EDITORA Labrador

Editora Labrador
Diretor editorial: Daniel Pinsky
Rua Dr. José Elias, 520 – Alto da Lapa
05083-030 – São Paulo – SP
+55 (11) 3641-7446
contato@editoralabrador.com.br
www.editoralabrador.com.br
facebook.com/editoralabrador
instagram.com/editoralabrador

A reprodução de qualquer parte desta obra é ilegal e configura uma apropriação indevida dos direitos intelectuais e patrimoniais do autor.

A editora não é responsável pelo conteúdo deste livro.
Esta é uma obra de ficção. Qualquer semelhança com nomes, pessoas, fatos ou situações da vida real será mera coincidência.

Sumário

QUADRANTE I 7
  O jardim não floriu 8
  A chuva chove 9
  O tempo 10
  Adelina 11
  Amor 12
  Poema 13
  A gaveta 14
  O estado 15
  Multidão 16
  Labutar 18
  Sentimento amoroso 20
  Ilha Bela 21
  Lágrimas 22
  Intrigas 23
  Fome 24
  Mais tarde, um dia... 25
  Lua 26
  Sentido 27
  Tempo de paz 28
  Borboletas 29
  Colorido 30
  Delírios 31
  Meu pecado 32
  Paz 33
  Amargura 34
  A casa 35
  Flores 36
  Sofrer 37

Luz 38
Chamada 39
Tempo presente 40
Ducha 41
Embriaguez 42
Viagem 43
Dedos 44
Descanso 45
Triste 46
Pai 47

QUADRANTE II 49
Antônio – acróstico 50
Poeira 51
Passear 52
Noite 53
Calor 54
Amar 55
Ponte 56
Sonho 57
Louco 58
Mentira 59
Carícias 60
Contraponto 61

QUADRANTE III 63

QUADRANTE IV 73
Verão 74
Rumo 75
O ponto 76
Sinistro 77
Amor sereno 78
O espelho da face 79

QUADRANTE I

O jardim não floriu

A primavera chegou
E o jardim não floriu
Não sei por quê
O meu jardim não floriu

As rosas que sempre deram
Em cachos em belos cachos
Não apareceram

Só a tristeza me aflige o peito
Tanto espero pela primavera
Ela veio quente gostosa chuvosa
Mas o jardim não floriu

Em algumas plantas
O caule secou. Que descuido meu Deus
Por onde andei que não cuidei do meu jardim
Das minhas flores das minhas plantas
De minhas angústias dos meus sentimentos
O que farei se não tenho
Flor alguma para colher?

Maria de Lourdes Alba

A chuva chove

A chuva cai
Mansa e forte
Carregada de energia e água
Ela vem

E cai
E molha
E desafoga as mágoas
As dores
Os sentidos
Ela vem
Vem para molhar
E tudo purificar

A chuva
Chove
Agora
Mansa e forte

O tempo

Carregado de brancas nuvens
O céu vem a tardar
E mais um dia a correr

E eu a me lastimar
Nem vi o dia passar
O trabalho não me faz perceber
O dia a passar

As manhãs são tão corridas
Como corrida de jóquei
Tudo é rápido rasteiro
Não dá tempo não dá tempo não dá

Muito fica para depois
Não há como controlar o tempo
Tudo é complicado longe difícil
A vida mais difícil é

Ela é única
Eu sou único
O tempo a todos pertence
Mas o nosso é nosso tempo

Olha quem está ali
É a noite a chegar
Depois de mais um dia a correr
A passar

Maria de Lourdes Alba

Adelina

Onde andas Adelina
Que perdida na aposentadoria
Esvarou desatinada
Neste mundo além

Sumiste
Não dás mais notícias
Não passas mais no trabalho
Nos atalhos dos teus dias

Esqueceste de repente
Que tens um passado
Passado por esta sala
Tua presença nos faz falta

Poderias dispensar um momento
De tão longo descanso
Lembrar dos amigos
Que te querem tanto bem

Para compartilhar tua simpatia
E dar-nos coragem para continuar
Aparece Adelina
Por onde estás a andar?

Maria de Lourdes Alba

Amor

O amor é perfeito
Em teus deslizes absolutos
Em tempos tão ocultos
Sempre a oscilar

O amor é perfeito
Ele te toma o peito
E te faz feliz
E te faz sofrer

O amor é perfeito
O ser humano imperfeito
No tempo ocioso dos momentos
Te faz chorar
Te faz sorrir

Te faz feliz
Esquece o sofrer
Esquece o penar

Poema

Se me encontro em poemas
Vastos poemas
Velhos companheiros
De sentimentos ocultos

Se me entrego em cantigas
Sol escaldante
Noite obscura
Profunda intensa
Imensa

Se me entrego
    Me abraço
        Me distraio
            Em versos
                Em poemas

Velhos companheiros
Dos meus ocultos sentimentos

Maria de Lourdes Alba

A gaveta

Quando fui arrumar
Aquela gaveta do armário
Achei uma velha foto sua
E recordei um triste passado

Com ela
Aquela estória de amor
Que se foi e se acabou

Aquela foto antiga
Ao passado me levou

As lembranças se transformaram
Em momentos vivos

Me senti
Uma menina apaixonada
A cabeça em sonhos

Todas as alegrias, agruras e sofrimentos
Senti naquele momento

Tudo passou
O que foi lindo e triste
Só está presente no meu pensamento
Ao olhar esta velha foto

O estado

O estado de espírito
Espiritualizado no estado
Estalado
Desintegrado
Desfigurado
Maltrapilho
Maltratado
Teu espírito
O estado
Teu domínio

Multidão

Meus pensamentos dominam
As tardes de sol a sorrir
E a felicidade busco em teu olhar

Em todos os olhares
Nas ruas   as amarguras
Procuro o sorriso
Procuro o olhar
Da criança que sofre sem saber
O destino que terá

A multidão sem rosto
Tanta alma sem sorriso
Tantos olhos sem olhar
Tanta boca tão muda está

Te procuro na multidão
A criança ou o ancião
Não vejo vida passar
Pior que boiada é que vejo

Quantos rostos quantas faces
Quanta vida esfarelada.... ·
    não há dor
        não há calor
A multidão é apenas multidão

Maria de Lourdes Alba

Não tenho como me achar
Isolada cercada no formigueiro
Não são soldados   não são bandidos
Não são religiosos   não são marcianos...

São seres   sem seres
São séries   em séries
São a transformação do não
Imperando em sim

Maria de Lourdes Alba

Labutar

O trabalho na roça
Engrossa as mãos
Suja as unhas

A enxada em punho
Cultiva os alimentos
Para as mãos mais finas

O sol castiga o coco
O cultivo uma tortura
O caipira tira de letra
O penoso dia a dia

A colheita que alegria
O fruto carrega na cesta
No lombo do roceiro
Vai servir de sustento
Às mais finas criaturas

Que quando saboreiam
Mal se lembram
Das unhas sujas de terras
Dos pés calejados rachados
Das agruras da terra

A fartura dos campos
A abundância da safra
Fazem o caboclo sorrir

Maria de Lourdes Alba

Ao olhar o resultado
De tão penoso trabalho
Que a terra agraciou
Para matar a fome
De tanta gente distante

Deste mundo afora
Bem longe da porteira
Nesta imensa fazenda
Nos campos do labutar

Engrossando a mão
Unhas sujas
Colhedoras
Dádiva da nossa terra

Sentimento amoroso

Você chegou e se achegou
Eu te vi e fui embora
Carreguei a lembrança deste amor
Que vi em seus olhos

Não mais o vi
Ainda sinto o toque de sua mão
Ainda sinto
O seu olhar de paixão

É pena não sermos amigos
É pena não conversarmos
É pena lhe ver tão distante
Que só meus pensamentos
Em você aconchegam

Maria de Lourdes Alba

Ilha Bela

Ilha Bela o paraíso
De São Paulo alegria
Tanta serenidade e pureza
Nas águas claras límpidas

A banhar a vida em sonho
O paraíso
No paraíso bela ilha

Que de encantamentos
A sensibilidade floresce
Na exuberância de tuas paisagens

A natureza
E a beleza que jamais esquecerei

Lágrimas

Minhas lágrimas são gotas de orvalho
Que pingam em meu íntimo sedento
Aliviam mágoas presentes
São pingos de orvalho latente

Teu colo é o meu aconchego
Não entendo tanto sofrimento
Tanta perseguição por pensar diferente
São gotas que orvalham o chão

Um dia talvez um dia
Tudo se dissipe noite adentro
A minha alma adormeça
De tantas lágrimas derramadas

Intrigas

As intrigas bárbaras da vida
As obrigações
Por obrigação
Pura obrigação

Te obriga
Me abriga
Começa uma briga

Meu Deus

Tua santa tua manta tua lente
De repente
Me repete me repete
Me estrangula
Me asfixia
Me obriga

Não quero briga

Me calo me entala na garganta
Garganta
Garganta

Sem voz sem nó sem vós
Sem tudo sem nada

Intrigas bárbaras

Como intriga

Maria de Lourdes Alba

Fome

A fome carrega a miséria
A miséria carrega a fome
Nas costas

A dupla se faz inseparável
Se alinham   se acertam
Se consomem   se findam

A miséria na fome
A fome na miséria
                Miserável

Maria de Lourdes Alba

Mais tarde, um dia...

A tristeza de um vazio
Ensopa a alma de angústia
As lágrimas correm para dentro
As tristezas sem fim se apresentam

A morte te levou
Nem sei se te levou
Tão próximo estás do sentido
Tão dentro do íntimo estás presente

Amaste a vida como a deixou
Deixou-a como a amaste
No desalento da chama fria
A fria morte acalentou

Adeus
Te vejo mais tarde um dia
Se o fiz foi pouco para ti
Um dia ou uma noite tu me contarás

Maria de Lourdes Alba

Lua

A lua redonda clareia
O céu escuro as estrelas
A lua redonda aquece
O coração sofrido os tremores

O sol há de nascer
A lua vem dizer
Meus passos o espaço o tenho
Antes bem antes do entardecer

Sentido

Atraso sentido
A frase não vem
Perdido caminho
Sem um vintém

A vida decola
Descola em alguém
A vida amarga
Sofrimento sem desdém

Terrível sentido
A morte cabível
A lágrima perdura
Vida em amargura

Sentido atrasado
Sem ato desato
Declaro tua mágoa
Em versos deságua

Tempo de paz

O tempo me trouxe de volta
Ao passado que desprezei
O tempo em redemoinho se fez
Tua voz ouvi outra vez

O som era de canto
Que o vento assoviava
Nas sensações que passavam
Teu olhar sempre brilhava

Ele foi muito rápido
O tempo levou o vento
Ao seu devido lugar
Os olhos se encheram d'água
De ti sempre a me lembrar

Carregado de malícias
Tua voz assoviava
Confundia com o vento
Que o tempo carregara

Foi-se embora não é mais passado
Lembranças vivas do presente
Que nem mesmo meus desejos
Conseguem se distanciar

Foi num relance   foi embora
A vida há de continuar
As lágrimas que transbordam
Serena paz vão deixar

Maria de Lourdes Alba

Borboletas

Borboletas voam
Levam o pólen da vida
Salvação das matas
Em harmonia divina

Descem as cascatas
Pura água em solo pedregulho
Rastejam margeiam os vales
Contornos da vastidão

Borboletas voam voam
Sabe Deus até onde e quando
Vivem para a natureza florir
Encanto para os meus olhos

Maria de Lourdes Alba

Colorido

O colorido da aurora
Arco-íris no quintal
Solene tarde quente
A vida a delirar

Te amar passado perdido
Em alvoradas revoltas
Que o tempo carregou
Com o vento se espalhou
Pétalas de amor
Foram o que me restou

Delírios

O sol castiga
Delírios em tardes
Ardentes

Areal
Praia
Água quente

O sol castiga
Queima a pele
Seca a alma

Delírios

A areia que brilha
Queima
Sobe visões
São almas vivas

Delírios

Águas vivas   almas vivas
Areia quente
Sol que castiga
              Delírios

Meu pecado

Meu pecado é pagar as contas em dia
Fazer papel de otário
Trabalhar honestamente

Meu pecado é não pecar
Não roubar não matar

Meu pecado é existir
No mundo da corrupção
Na terra do assalto
Crime morte sedução

Ah meu pecado!

Maria de Lourdes Alba

Paz

Sonhos que o sono te acorda
É hora de adormecer
Esperança de o sol raiar
De novo amanhecer

A paz que é paz entre vivos
A paz que é paz entre mortos
A paz que é paz entre povos
Sonhos de paz a suscitar

Maria de Lourdes Alba

Amargura

Amargo tristeza
De caminhos que não levaram a nada
De atalhos
De desespero
De apego ao relógio
Ao tempo
Ao espaço

Perdido
        Sofrido
                Amargo

Do filho que não tive

A casa

Passa o ferro varre o chão limpa o vidro
Tira o pó tira o pó
Te escraviza

Tua casa te escraviza
Te escraviza na tua casa

Se tu queres ser escrava
Seja dona de casa

Maria de Lourdes Alba

Flores

As flores embelezam a primavera
Estampada em teu olhar
Que de alegria
Sorriso se esvairá

São cores são flores
Amores em teu semblante
Espelhas
As flores primaveris

Sofrer

As lágrimas me descem
Por dentro da alma
As lágrimas correm olho adentro
Para dentro
Do íntimo a fonte

A tristeza que se abate sobre o olhar
Sobre o olhar que o abate
A vida na morte lhe toca
Toca o som do pesar

Peso imenso que carrega nas costas
Medonho pesar
O ser tão estranho adiante
Arrogante
A sofrer
A afligir
A amargurar

Luz

Bater a luz
Opaco da madrugada
Olhos calados
Dias passados

Bater a luz
Bater panelas
Acordar o silêncio da noite
Que se desfaz

Se desfaz em ternura
Em nós
Em voz
Em sufoco
Sufoca

Bate a luz
Do luar do olhar
Silêncio em dor
Saudade da voz

Da voz clara iluminada
Da madrugada

Chamada

Os sons da floresta me chamam
Pedem a minha presença
A sabedoria da natureza me fascina
As matas puxam-me para si

Terei de me preparar
Logo as matas irei pisar
Atendendo ao chamado sagrado
Distante do meu olhar

Os sons me guiarão
Belezas irei vislumbrar
Som movimento presença
Estou a imaginar

Rios que se encontram se vão
Igarapés caminhos
Pororocas a rebentar
Imensidão do Amazonas
A me chamar

Maria de Lourdes Alba

Tempo presente

Recobrei meu tempo
Minha ansiedade se foi
Espelhei-me no espaço
No espaço do tempo me achei

Em vírgulas entre vírgulas
Senti meu passado presente
Em tempos tão perdidos no tempo
Que me acho só

O além desfalece em partes
Compensadas pelo sentido
Do ser humano em ser humano
Da vida em partes consumida

Meu ego teu ego hoje
Somos felizes pelo objetivo
Do arco-íris pensante que nos acolhe
Em mundo turbulento do ser

Maria de Lourdes Alba

Ducha

A ducha banha o corpo
Lava a alma
Lava o suor

Suor do trabalho
Suor do labor
Sem dor

A noite chega
Madrugada adentra
Nada além da pinguinha
O trabalho lá deixou

Amanhã outro dia
Chuva cai ventania
Os braços têm de ser fortes
Para alimentar o corpo

A ducha a janta a cama
O radinho de pilha
Até que o sono chega
Que alegria
Ainda estou trabalhando

Maria de Lourdes Alba

Embriaguez

É noite
Estou embriagada
Cheirando a álcool
Estômago revirado
Desgraçado

Como me livrar de ti
Álcool maldito
Que sem ti não vivo
Não passo uma noite sequer

Me detona me arrasa
Me faz passar vexame
Não te largo nem por uma noite
Não sei viver sem ti

Minha desgraça minhas falsas promessas
Levaste ao além
Não me livro de ti

Te adoro me fazes entontecer
O álcool de noite

Maldito
O álcool

Me leva a chorar me leva a sofrer
Desnorteada
Me leva a sorrir

Maria de Lourdes Alba

Viagem

Uma viagem um lazer
De compromissos esquecer
Viver com prazer

Uma viagem a luz se acende
Pajeando meus pertences
E da vida esquecer

Maria de Lourdes Alba

Dedos

Cinco dedos formam o todo
De uma mão
Cinco dedos
Não precisam seis
Para a mão

Mão que vai
Mão que vem
Mão que age
Mão que parte

Mão que parte a cara
Mão que parte o coração
Sem destino apenas repouso
Sem sentir tua mão

Os cinco dedos que te formam
Te trabalham
Te enchem de calos
Te apontam para uma vida em vão

Mas se cinco dedos
Não formassem a mão
Como seria então?

Bastaria um dedo para apontar
Dois dedos para fumar
Três dedos para indagar
Quatro dedos para não mais voltar
No adeus que te afastará

Maria de Lourdes Alba

Descanso

Tanta coisa para fazer
E eu a me deliciar
Sem nada fazer

A observar o meu trabalho
Ali parado
A aguardar

E tudo largo
Não me animo
Deixo estar

E fico a ver o tempo passar
A observar
A natureza o som dos pássaros
O jardim

E o serviço
A me aguardar

Me recuso a trabalhar
Tirei um dia para descansar

Triste

Ah! Que tristeza carrego no peito
Choro sem derramar lágrimas
O aperto aperta
Forte

Ah! Que dor profunda sinto neste momento
Como posso temer a morte de alguém
Que amo tanto
Como posso saber se ocorrer
Para onde ele vai
Meu pai

Eu sofro ao sentir o quanto você sofre
Que medo da sua partida
Para o infinito
Meu pai querido

A Deus e só a Deus
Para rogar por sua melhora
Para que possa ficar
Um pouco mais conosco

Só a Deus para rogar
Para que custe a chegar
O momento de lhe darmos
O aflitivo adeus

Maria de Lourdes Alba

Pai

Meu pai
Você nos deixou
E não deixou só a mim
Não sei se errei   nem sei se acertei
Fui uma filha apenas

Meu pai
Você se foi
As lágrimas não são tudo que me resta
As esperanças muito belas
Habitam meus pensamentos

Tão alegre que não sei como você conseguia
Viver com expressão tão amiga
Sua felicidade que expressava no dia a dia
É a eterna lembrança
Que habita em mim

Maria de Lourdes Alba

QUADRANTE II

Antônio – acróstico

A mar-te foi tirar do sonho
N ossa realidade
T raçando caminhos nossos
O infinito se expande nas
N oites em que te desejo tanto
I ndo sobre mim a devastar
O imenso que tenho para te dar

Poeira

POEIRA

    PENEIRA

        SEM EIRA

            NEM BEIRA

                POEIRA

Maria de Lourdes Alba

Passear

Passear pela praia
Ver seus olhos brilhar
Nas areias brilhar
O sol da vida iluminar

Noite

A noite lábios
Beijou
Corredeira de emoções

Calor

Calor incandescente
Saudades das tardes passadas
Ao relento

Maria de Lourdes Alba

Amar

Te amar foi perdoar
Perdoar
Mas não esquecer

Maria de Lourdes Alba

Ponte

Sentimento que não nego
Ponte entre as distâncias
Exclama

Maria de Lourdes Alba

Sonho

Um sonho de amor
A rosa em flor
O filho o calor
Um sonho acabou...

Maria de Lourdes Alba

Louco

Sufoco esforço sufoco
Esforço sufoco esforço
Sou louco...

Maria de Lourdes Alba

Mentira

A resposta das verdades
Está contida na mentira
A resposta da mentira
São as mais puras verdades

Maria de Lourdes Alba

Carícias

Carícias
Desejos ardorosos
Amores que teus olhos lampejam
Paz em tempos antigos
Amores amigos
Passado que te deixei

Contraponto

LEVE

        PONTO

                RIMA

PURA

        PINGA

                LOUCA

LEVA   VOLTA   SENTE

                                      MENTE

Maria de Lourdes Alba

QUADRANTE III

Pente que separa os fios. Desembaraça os nós do colear da tua ingenuidade.

Amar no delírio da vida. Espaço oculto, mórbido, sonolento da morte que eleva.

No cálculo das contas, amanheci infeliz. Sobra pouco, quase nada, vão desabar a vergonha e o calote em mim.

Minha felicidade está ao saber que estás a me amar.

Maria de Lourdes Alba

Não sei escrever poemas, eles se escrevem sozinhos.

Detesto a dor do sofrimento, mas reconheço que ela nos faz crescer.

Maria de Lourdes Alba

Coroas são flores. Coroas são poder. Coroas são idosos. Coroas são santos e santos os dias que vivemos...

Maria de Lourdes Alba

O alto se faz inatingível quando a esperteza te come pelas pernas.

QUADRANTE IV

Verão

É verão no Brasil. O que se chama de inverno em algumas regiões em que há calor o ano inteiro? É a estação das chuvas. O verão poderia ser o período de férias, em especial as escolares. O período que antecede o Natal até o Carnaval.

A personagem principal, como não poderia deixar de ser, é uma jovem adolescente virgem de dezesseis anos, que se prepara para conhecer alguém interessante o suficiente para amar, e se tiver sorte seguir seu rumo com ele, casando ou simplesmente *juntando os trapos*.

A paisagem como sempre é lindíssima. Há coqueiros, praia, areia, sol, alegria, tudo estampado na simplicidade das casas antigas e seus moradores. A bicicleta é o transporte mais comum e o relacionamento entre as pessoas, o mais cordial possível. É, estamos no Brasil.

Brasil, país de cores e amores, onde o sol é forte e o coração do brasileiro, complacente.

Rumo

A poeira rompe as estradas sem rumo, sem fim...
Enquanto a vida me é vida, não existirá fim.
Não acredito em Fim, e caminho, caminho, meu caminho sem fim.

O ponto

É o ponto-final de uma frase, de uma página, de um capítulo. É o ponto-final de uma vida a dois. Que, no final das contas, teve um final feliz, já que a violência não pôs final aos dois.

Sinistro

Vi a morte cor-de-rosa, cortada pelos laços de família. Árvore partida. A alma sobe em sinfonia. Orquestra entoa o percurso. Sobe a alma leve, levando a harmonia e a musicalidade das belezas da vida ao além.

Vi a morte. A terra trepidada, a propriedade semienterrada, o poder sucumbindo, as dores, as maldades a pulular e todos os sentidos angustiantes, preconceituosos e depressivos do mundo, que prendessem ao material, enlaçados por uma grande rede, para poder flutuar.

Vi o mundo rastejante, cor-de-rosa, reflexo dela. Tudo, tudo no silêncio pictórico de um retrato.

Amor sereno

Amei-te mais que a mim mesma. Chorei, sofri pelo exagero. Hoje o amor é sereno. Já não espero mais o exagero do sentimento.

Maria de Lourdes Alba

O espelho da face

Olhar-me ao espelho sempre foi uma tortura. Nunca me vejo bem. Minha aparência nunca está boa, nisso ou naquilo.

Eis que minha alma está em flagelo. Não dá para colar os pedaços.

As lágrimas me inundam por dentro.

A fotografia, então. Estranho. Por mais que eu me olhe, não me vejo refletida nela. Não estou lá. O meu corpo não reflete a minha alma. Sou contrária a todas as leis da natureza. Não sou eu, não sou.

Nada sou eu.

Maria de Lourdes Alba

Esta obra foi composta em Lilly 10 pt e impressa em papel Pólen 80g/m² pela gráfica Meta.